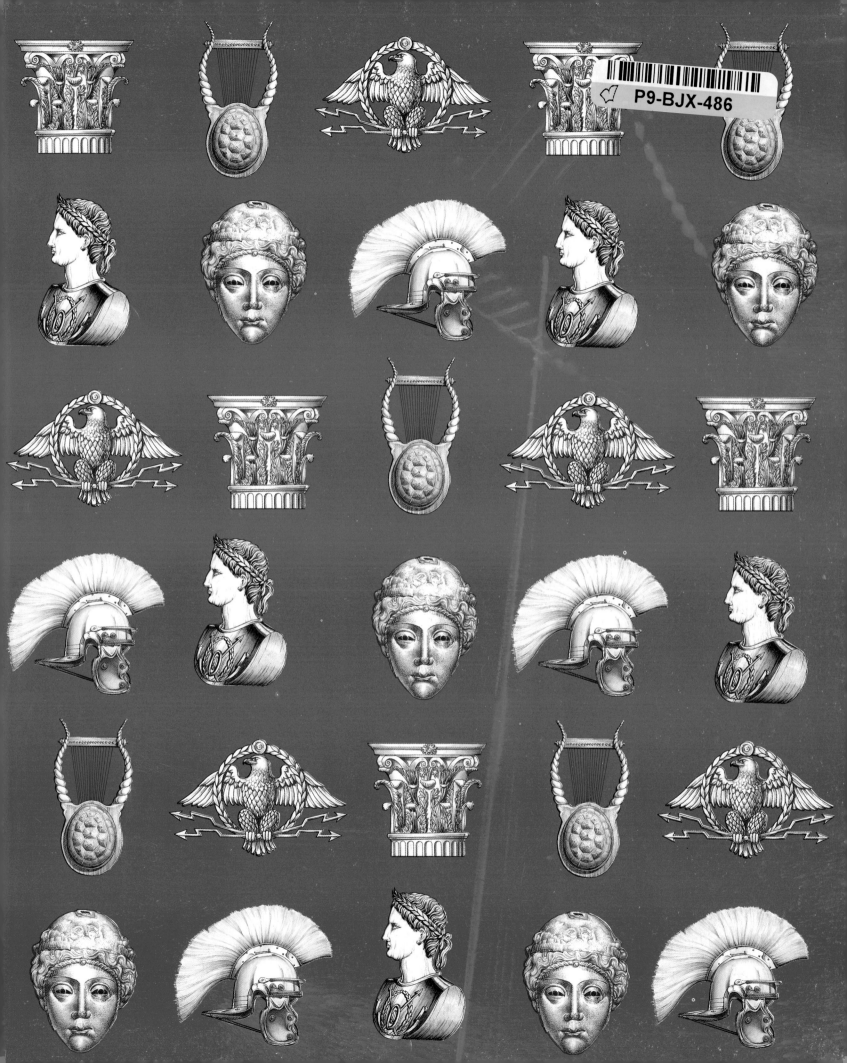

Simon James

ANTIGUA
ROMA

Traducción de
Graciela Jáuregui de Castro

Colección Mirando la Historia
EDITORIAL SIGMAR

Títulos publicados

Antiguo Egipto
Antigua Grecia
Antigua Roma
Los Aztecas
Los Incas

Ilustraciones de
Philip Hood, Bill Le Fever, Nigel Longden,
Kevin Maddison y Shirley Mallinson.

Título original: Ancient Rome

© 1995, Reed Children's Books, Ltd., London.
© 1995, Editorial Sigmar S. A., Belgrano 1580, Buenos Aires, Argentina,
para la edición en español. Derechos reservados. Impreso en coedición en
Bélgica. Printed in Belgium. Hecho el depósito de ley. Prohibida su
reproducción total o parcial por cualquier medio visual, gráfico o sonoro.
ISBN 950-11-1048-6

CONTENIDO

El nacimiento de Roma   4

El campo   6

Amos y esclavos   8

Pueblos y ciudades   10

Comercio y gobierno   12

La familia   14

Mansiones y barrios   16

Vida cotidiana   18

Romanos en el trabajo   20

Comercio y transporte   22

Baños   24

Comidas   26

Religión y dioses   28

Carros y gladiadores   30

El teatro   32

Muerte y entierros   34

Las provincias   36

Los gobernadores   38

La vida de un soldado   40

La guerra y las fronteras   42

Un mundo cambiante   44

Fechas importantes   46

Glosario y Referencias   47

Índice   48

EL NACIMIENTO DE ROMA

Un camafeo (joya esculpida en una piedra de capas coloreadas), muestra a Augusto, el primer emperador romano. Originariamente, él usó la corona de la victoria de hojas de laurel: las joyas se agregaron más tarde.

En el siglo VII a.C., Roma era una pequeña población rural ubicada en las orillas del río Tíber, en Italia. Para el primer siglo d.C., se había convertido en una gran metrópoli de más de un millón de personas, y regía la mayor parte del mundo conocido por los romanos.

PEQUEÑOS COMIENZOS...

El surgimiento de Roma como potencia mundial fue repentino. Al principio creció muy lentamente, y esto no tenía nada de especial, ya que en aquella época existían muchas ciudades independientes en el Mediterráneo. Alrededor del año 509 a.C., el último rey es depuesto y Roma se convierte en una República. La ciudad gradualmente domina a sus vecinos de habla latina, y lucha contra las poderosas ciudades etruscas y la gente guerrera de las montañas del centro de Italia. También entró en contacto con las ricas y cultas ciudades griegas del sur. Roma estaba muy impresionada por la civilización griega y copió muchos aspectos de ella.

COMIENZOS DEL IMPERIO

A pesar de los contratiempos, en el año 260 a.C., Roma era uno de los estados más fuertes de Italia. Problemas en Sicilia llevaron a Roma a una serie de guerras, llamadas Guerras Púnicas, contra el poder marítimo de Cartago, en el norte de África, una ciudad comercial inmensamente rica, fundada por los fenicios. En las Guerras Púnicas intervinieron una gran cantidad de ejércitos y barcos, y provocaron una terrible destrucción. Italia fue arrasada por Aníbal, el famoso general cartaginés, quien condujo a su ejército, con elefantes, a través de los Alpes. Derrotó a varios ejércitos romanos. Las legiones a su vez atacaron las tierras cartaginesas cruzando el mar hacia África. Cartago fue finalmente derrotada y destruida en el 146 a.C. Roma inicia la conquista de España.

La loba y los mellizos, símbolo de los orígenes de Roma. Se dice que Rómulo y Remo, los hijos de Marte, dios de la guerra, fueron amamantados por una loba. Se supone que Rómulo fundó Roma en el año 753 a.C.

SUPERPOTENCIA

Las Guerras Púnicas transformaron a Roma en una potencia mundial. Enseñaron a controlar y luchar contra ejércitos más grandes. De tal forma, adquirió nuevos territorios, que se convirtieron en las primeras provincias del Imperio. También las operaciones militares en el sur de Italia llevaron a Roma a la complicada política del mundo griego, que se extendía hasta Siria y más allá. Como resultado, Roma se enfrentó con los grandes reinados, gobernados por los griegos, en Macedonia y Asia occidental. En el año 160 a.C., estos occidentales que los orgullosos griegos consideraban vulgares, dominaban todo el Mediterráneo, y los embajadores griegos viajaban a Roma por los juicios y disputas entre los estados griegos.

GERMANIA INFERIOR

R. Rin

BRITANIA

Londres

BÉLGICA

GERMANIA SUPERIOR

A

LUGDUNENSE G

A

L

I

Lyon

AQUITANIA

OCÉANO ATLÁNTICO

NARBONENSE

TARRACONENSE

HISPANIA

LUSITANIA

BÉTICA

MAURITANIA

CAÍDA DE LA REPÚBLICA

En un siglo, del año 260 a.C., al 160 a.C., Roma se convirtió en dueña del Mediterráneo, cambiando el equilibrio del mundo antiguo. Durante el proceso, ella también cambió mucho. Las conquistas trajeron inmensas riquezas a sus líderes. Por otra parte, millones de prisioneros de guerra comenzaron a circular por Italia como esclavos, y los estados conquistados estaban mal gobernados y se empobrecieron. Los ejércitos romanos fueron más leales a sus generales que a su país, y hombres como Julio César los enfrentó, reestableciendo el poder. La antigua República se vio dividida por guerras civiles que azotaron lo que fue el Imperio durante gran parte del último siglo a.C.

LA PAZ IMPERIAL

Finalmente, se estableció la paz y Augusto afianzó un nuevo sistema de gobierno, el primer Imperio (que se extendió desde el·año 27 a.C. hasta el 14 d.C.)
Las provincias fueron mejor tratadas y, sobre todo, se conservó la paz en todo el Imperio. Bajo los emperadores que siguieron a Augusto, durante el primer y segundo siglo d.C., el mundo mediterráneo tuvo un sólo gobierno por única vez en la historia. El comercio floreció, y la gente compartió un estilo de vida y un lenguaje común, griego o latín. Este primer Imperio fue la época dorada de la civilización romana, y es el período importante que ocupa el tema principal de este libro.

En la cúspide de su poder en el siglo II d.C., el Imperio Romano abarcó todo el mundo mediterráneo, cubriendo tierras que actualmente ocupan cerca de treinta países, desde Marruecos hasta las fronteras de Escocia, y hasta Rumania, Egipto, y Siria.

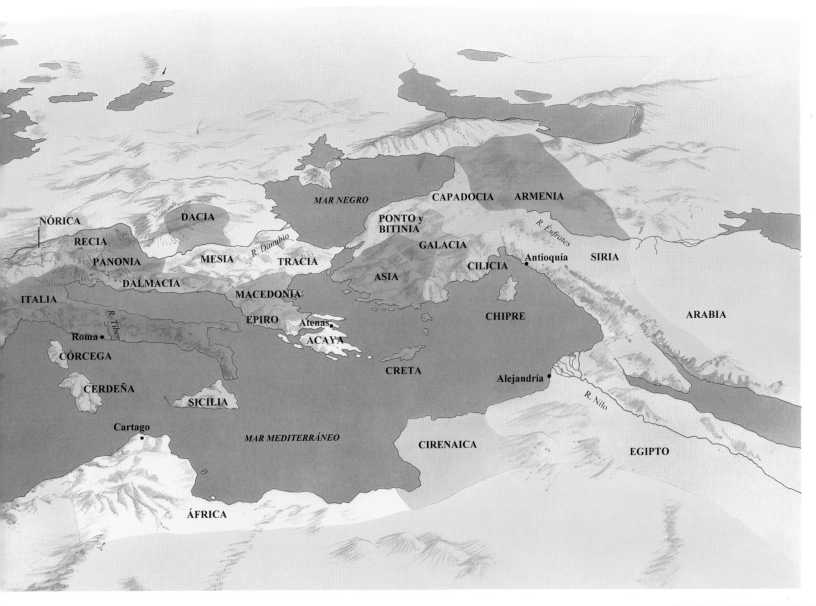

EL CAMPO

Un gallo de bronce, original de Francia.

Una villa *en el campo italiano, ubicada en una plataforma arqueada que daba a sus tierras cultivadas. Los bueyes tiraban del arado, mientras los esclavos y los campesinos recogían la fruta de los olivos para llevarla a la* villa, *donde grandes piedras la prensaban para obtener el aceite, que luego sería enviado a las ciudades.*

El Imperio Romano fue famoso por sus magníficas ciudades, de las cuales Roma era la más grande. Sin embargo, Roma contaba con la producción del campo para sus lujos y las necesidades de todos los días.

AGRICULTURA

La mayoría de la gente del Imperio vivía en el campo y trabajaba la tierra. En una zona tan inmensa como el Imperio existían diversos tipos de cultivos de acuerdo con el clima y clase de suelo. En las tierras tibias de las orillas del Mediterráneo, se sembraba trigo y otros cereales. Pero las cosechas más preciadas eran las vides para producir vino, y los olivos para elaborar aceite de oliva. En aquel entonces, como ahora, el aceite de oliva era esencial para la cocina mediterránea. También se utilizaba para las lámparas, e incluso para untarse el cuerpo.

La mayoría de los animales criados actualmente en las granjas, también eran conocidos por los granjeros, en especial, vacas, cerdos, y ovejas. En Italia había grandes haciendas con vacunos y ovejas en las zonas montañosas, que eran demasiado empinadas como para ararlas.

> "Las tierras que rodean mi propiedad se venden. Muchas cosas de ellas me atraen..., la tierra fértil y rica tiene un buen suministro de agua, y consta de prados, viñedos y bosques que producen un ingreso por la madera..."
>
> — *De una carta de Plinio*

PRODUCCIÓN DE LAS PROVINCIAS

Diferentes zonas fueron famosas por sus productos agrícolas. Por ejemplo, Egipto y el norte de África producían los cereales que alimentaban a la gente de la ciudad de Roma, Italia fabricaba famosos vinos, y España producía excelente aceite de oliva. Britania conquistada en parte en el año 43 d.C., era demasiado fría para producir olivos, pero los productos lanares y la cerveza tenían muy buena reputación.

En los ríos como el Nilo, y en numerosas aldeas costeras, la pesca era una parte muy importante de la economía local, aunque mantener frescos los productos era un problema en las zonas cálidas.

LA MADERA Y LOS BOSQUES

Los bosques y la madera eran muy valiosos para el Imperio, como lo son actualmente para nosotros. Los grandes árboles eran talados para la construcción, y los pequeños se cortaban y dejaban crecer nuevamente para obtener los elementos renovables de combustible para cocinar y calefaccionar las casas y las grandes casas de baños.

CAMPOS

En algunas partes de Italia, los campos y caminos modernos aún siguen las líneas del diseño de tablero de ajedrez empleado por los sobrevivientes romanos, quienes distribuyeron la tierra entre los granjeros, en parcelas rectangulares. Sin embargo, en la mayor parte del Imperio, las parcelas eran menos regulares.

Los romanos provocaron muchos menos daños ambientales que nosotros (había menos gente), pero en algunas zonas el exceso de pastoreo y el agotamiento del suelo trajeron serios problemas.

ALDEAS Y "VILLAS"

En el campo, había asentamientos donde vivían las comunidades agrícolas. Eran aldeas y pequeñas granjas, aunque especialmente en

Detalle de un gran mosaico que muestra el exótico paisaje de Egipto, tema preferido por los romanos. Las fértiles tierras de Egipto producían una enorme cantidad de cereales, aparte del oro en forma de impuestos, así que los emperadores las mantenían bajo su control personal.

Italia, existían magníficas casas de campo, llamadas *villas*.

Los ricos pasaban gran parte de su tiempo ocupados en negocios, en el comercio o la política. Sin embargo, se creía que la única forma apropiada de disfrutar de la vida para un noble romano era poseer una gran propiedad. Los ricos alimentaban una romántica idea acerca de la paz y belleza del campo, alejado del alboroto de la ciudad y donde podían disfrutar de los placeres rurales de la caza y la vida al aire libre.

UNA VIDA DE LUJOS

Sin embargo, no querían abandonar la vida lujosa de sus casas de la ciudad, así que construyeron sus espléndidas *villas* con todas las comodidades de la vida de la ciudad, incluidas las casas de baños.

Cerca de las *villas*, estaban las viviendas de los esclavos, cuyas vidas eran difíciles y alejadas de los ideales románticos de algunas de las personas ricas de la ciudad.

El esplendor del Imperio no podría haber existido sin el alimento y la abundancia provenientes de estas tareas del campo.

El groma era un elemento de agrimensura. Se usaba para trazar líneas y ángulos rectos, al mirar a lo largo de las cuerdas que pendían.

7

AMOS Y ESCLAVOS

Actualmente, la gente de Roma, y de muchos otros pueblos del Imperio, nos parecerían extraños. Por ejemplo, se asumía que la gente no era igual, ni siquiera a los ojos de la ley. Casi todos estaban habituados a la existencia de la esclavitud, que era una parte importante de la vida romana. Pocos creían que era algo reprobable. También, las mujeres y las niñas tenían derechos limitados ante la ley.

ESCLAVOS Y LIBERTOS
En Italia, millones de esclavos trabajaban en las propiedades de los ricos. Todos los sirvientes eran esclavos o ex-esclavos. Dentro de este sistema, los esclavos podían ser liberados o podían comprar su libertad. Por ejemplo, esclavos, especialmente griegos, educados y comprados para tutores de los niños, fueron tratados como amigos y a menudo eran liberados. Se consideraban "libertos" y seguían sirviendo a sus antiguos amos. A su vez, podían tener otros esclavos que trabajaban por ellos.

Había casos de esclavos tan queridos que no sólo eran liberados sino adoptados como herederos de las propiedades, o que llegaban a casarse ventajosamente.

CIUDADANOS Y PROVINCIANOS
Aun entre la gente rica del Imperio existían importantes diferencias. La mayoría de la gente que no era esclava era ciudadana, en lugares como Winchester, en Britania, en el norte de África o Damasco, en Siria. Las personas que eran cuidadanas de Roma tenían privilegios especiales.

Una de las cosas notables de Roma era su generosidad para otorgar la ciudadanía romana a cualquiera que fuera considerado valioso, sin importar de dónde proviniera. Por ejemplo, los soldados de las provincias que habían servido durante 20 años o más, eran considerados ciudadanos romanos, como también magistrados de otras ciudades.

Un famoso ciudadano romano fue St. Paul, médico judío de Turquía, que hablaba el idioma griego.

En esta extraña ceremonia, los esclavos son liberados al ser tocados con una vara llamada vindicta. *Llevan puesto el gorro de la Libertad, aún hoy considerado como un símbolo de ella.*

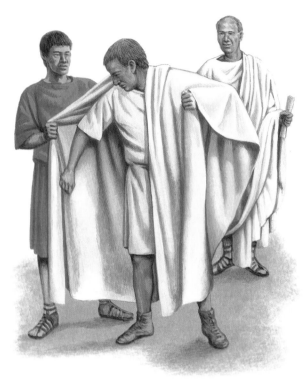

LA CASA IMPERIAL

El patrón más poderoso de todos era el emperador, de cuyo favor dependían todos los gobernadores y ejércitos más importantes del Imperio, como así también los nombramientos de arquitectos, artistas y muchas otras personas. Para obtener algún favor era necesario ganar la atención del emperador. Las audiencias con él eran controladas por sus secretarios, que también eran muy poderosos y ricos. En los primeros tiempos del Imperio, estos hombres habían sido liberados por el emperador, ex-esclavos, más poderosos que los senadores, que tenían que conceder favores a los secretarios si querían llegar a ser recibidos por el emperador.

Los senadores no debían intervenir en el comercio, pero lo hacían a través de sus clientes, especialmente los ex-esclavos, que se ocupaban de los negocios, como en esta cantera de mármol.

Un esclavo ayudando a su amo a ponerse la toga, una pesada túnica blanca, símbolo de un ciudadano romano. Los senadores y los jóvenes tenían togas con bordes púrpura. La toga era también incómoda, y difícil de mantener limpia.

PATRONES Y CLIENTES

Los magistrados que gobernaban las ciudades del Imperio, incluyendo Roma, eran elegidos por el voto de los hombres. Esto no significa que era una democracia como se conoce actualmente. Por ejemplo, a los esclavos y a las mujeres no se les permitía votar.

En el mundo romano, la gente importante, conocida como patrones, tenía subordinados llamados clientes, a los que cuidaba. Éstos esperaban que sus protectores los ayudaran en algún problema o en sus carreras. Los patrones, en especial los poderosos como para aspirar a magistraturas o trabajos importantes, esperaban que sus clientes los votaran, además de la obediencia y respeto.

A menudo, este sistema funcionaba bastante bien, pero se podía llegar a extremos peligrosos: en los últimos años de la República, hombres poderosos como Julio César, tenían ejércitos enteros que consideraban a sus generales como protectores que se ocuparían de ellos. Esto propició las guerras civiles que destruyeron la antigua República. Sin embargo, este sistema fue lo que permitió que el mundo romano pudiera continuar funcionando.

PUEBLOS Y CIUDADES

Uno de los edificios romanos mejor conservados es este hermoso templo, en Nimes, Francia. Muestra el esplendor y la riqueza de los edificios públicos romanos.

Los pueblos y ciudades fueron el soporte del Imperio Romano. Había miles de ellas, algunas muy pequeñas, otras muy grandes, como Roma, Alejandría en Egipto, o Antioquía en Siria.

CONSTRUCCIÓN DE LAS CIUDADES

Muchas de las ciudades existían antes del Imperio. Algunas ya tenían cientos o miles de años de antigüedad. Otras habían sido fundadas por los griegos, quienes se asentaron en la zona mediterránea. En algunas regiones, como en Galia (Francia) y en otras como Britania había ciudades diferentes a las conocidas por griegos y romanos; galos y britanos no las habían construido. Por eso los romanos los alentaron para que levantaran ciudades al estilo romano.

UN MOSAICO DE CIUDADES-ESTADO

La mayoría de las ciudades eran como estados, y controlaban las tierras circundantes.

Estaban regidas por consejos de personas importantes del lugar, la mayoría de las cuales eran terratenientes. Los magistrados (alcaldes, jueces, y autoridades de la ciudad) eran elegidos entre los miembros del consejo por los ciudadanos, y hacían cumplir las leyes, arreglar las calles y los edificios y recaudaban los impuestos para la ciudad y el gobierno romano.

Había elecciones frecuentes: se dibujaban figuras en las paredes para promover a los candidatos.

EL PLANO DE UNA CIUDAD

Las ciudades estaban trazadas en redes de calles y manzanas. Estas últimas comprendían casas, negocios, talleres y posadas. Los hogares de los pobres eran oscuros cuartuchos en los pisos superiores de una *insulae* (casas de varios pisos). Vivían muchas personas en una sola habitación.

En el centro de la ciudad generalmente había un foro, plaza de mercado donde la gente se reunía para hacer negocios y charlar. Cerca del foro estaba la *basílica* o el ayuntamiento. A menudo, alrededor del foro se levantaban los templos más importantes de la ciudad, dedicados a los dioses romanos. Otros templos cercanos a la ciudad se destinaban a una variedad de dioses, al igual que en la actualidad, en donde las ciudades modernas tienen muchas iglesias dedicadas a varios santos, además de mezquitas y sinagogas. Las casas de baños eran otro tipo de edificios importantes en la vida de los ciudadanos.

La mayoría de las ciudades romanas eran pequeñas, con una población de unos miles hasta 20 ó 30 mil personas. Sólo las grandes ciudades comerciales y capitales del Imperio eran más grandes: Roma era el hogar de un millón de personas o más.

Granjeros y administradores inspeccionan vacas y caballos en un mercado abierto cercano al foro. La mayoría de las ciudades pequeñas tenían pocos edificios públicos, pero generalmente eran centros comerciales florecientes, o eran importantes porque tenían dependencias para el servicio de postas del gobierno romano, y hasta una posada.

TEATROS Y ANFITEATROS

Las ciudades romanas fueron famosas por sus lugares de entretenimientos, que estaban decorados como el foro y los templos. A los romanos les encantaban las carreras de carros, y las ciudades más grandes tenían pistas de carreras, fuera de sus murallas. Los romanos también adoptaron la idea de los griegos de construir teatros de piedra. Estos grandes edificios con forma de D, sólo fueron superados en tamaño por los anfiteatros, donde los gladiadores y los animales mantenían sanguinarios combates.

LÍMITES DE LA CIUDAD

Alrededor de la ciudad o pueblo había un límite estricto, que estaba indicado por un surco que se marcaba cuando se construía la ciudad. Muchas tenían murallas y torres para indicar estos límites, aunque en Roma y en sus espléndidos edificios públicos, éstos se utilizaban principalmente para decoración y para mostrar lo rica o culta que era la ciudad. La gente estaba muy orgullosa de sus ciudades y también trataban de superar a los pueblos vecinos en la cantidad de edificios que construían.

Afuera de las murallas, el viajero podía ver cementerios a lo largo de los caminos, ya que era contra la ley enterrar a los muertos dentro del límite estricto.

ACUEDUCTOS Y DESAGÜES

Los romanos construyeron complicados sistemas de suministro de agua, que traían agua dulce desde manantiales distantes, a través de canales especiales llamados acueductos. Roma tenía 11 acueductos. Las casas ricas poseían su propio suministro de agua, pero el resto de la población tenía que ir a buscarla a una fuente comunitaria a nivel de la calle. Muchas ciudades contaban con desagües para deshacerse del agua de lluvia y las cloacales, pero aún así las calles estaban sucias y con olores desagradables.

Los romanos fueron grandes ingenieros. Construyeron inmensas estructuras, como este acueducto que aún está en el sur de Francia. Las enormes piedras eran colocadas con la ayuda de poleas y grúas.

11

Parte del Foro romano. Tenía mercados especiales y muchos templos, como así también el Senado. Alrededor del mercado se observan (de derecha a izquierda) la Basílica Aemilia, el templo del Emperador Antonino, y el templo de Jano y Roma (con El Coliseo atrás). El templo de Julio César está ubicado junto al Arco de Augusto, y a la derecha está el templo de Cástor y Pólux y la Basílica Julia. El palacio del emperador está en la colina de la derecha.

La ciudad era el corazón de la vida romana como el foro lo era de la ciudad. Todas las ciudades importantes tenían un foro: era una zona para mercados y asambleas públicas, en donde se cumplían muchas de las funciones de gobierno, y en la que la gente realizaba sus negocios.

EL FORO
En muchas ciudades, el foro era una gran plaza, pavimentada con excelentes piedras y rodeada por un pórtico de columnas. A menudo, los ciudadanos ricos gastaban grandes sumas de dinero en su construcción como un obsequio a la ciudad, y para su propia gloria. Esas donaciones debían ser honradas colocando una estatua del donante en el foro. Asimismo, había muchas otras, de dioses y emperadores, y alrededor del foro, negocios.

En los días de mercado, comerciantes y granjeros iban a la ciudad para instalar puestos, y vender y regatear con los compradores.

LA BASÍLICA
En uno de los lados del foro se encontraba un edificio lllamado *basílica,* que consistía en un recinto cubierto, apoyado sobre hileras de columnas. Adentro se encontraba una estatua del emperador, y el tribunal donde los jueces se sentaban para considerar los casos legales. Junto a la basílica se hallaba la *curia,* donde los senadores se reunían para aprobar las leyes locales y discutir sobre impuestos.

MAGISTRADOS
Generalmente las ciudades romanas estaban gobernadas por dos magistrados, llamados *duoviri.* Eran como alcaldes y conservaban el cargo durante un año.

En Roma, se conocían bajo el nombre de *cónsules*. Eran senadores experimentados. Durante la primera República condujeron las legiones en la guerra. Luego, en la época de Augusto, el ejército estuvo al mando del emperador, pero el consulado mantuvo su prestigio porque Roma era una vasta ciudad para gobernar.

TEMPLOS

Uno de los extremos del foro de cada ciudad estaba dominado por un gran templo, entre cuyas columnas, ordenadas en ángulo, se alineaban de dos en dos las estatuas doradas de los dioses principales: Júpiter-Juno, Neptuno-Minerva, Apolo-Diana, Marte-Venus, Vulcano-Vesta y Mercurio-Ceres.

Los ciudadanos tenían que ofrecer sacrificios a dichos dioses y también venerar a la deidad que protegía dicha ciudad. Por ejemplo, las ciudades griegas adoraban a la diosa de la Fortuna.

EL FORO DE ROMA

El Foro de Roma estaba situado entre los montes Capitolino y Palatino y rodeado de edificios públicos importantes. En el centro del Foro estaba el Senado y la *rostra*, tribuna desde la cual los políticos arengaban a la gente. En el Foro había muchos otros edificios religiosos, como el Templo de Saturno, el Templo de Julio César (que fue declarado dios después de su muerte), y la residencia de las Vestales, la antigua orden de sacerdotisas.

Cerca había una cantidad de grandes e impresionantes nuevos foros, construidos por los emperadores para brindar mayor espacio al comercio, y grandeza al centro del Imperio.

El Senado se parecía al parlamento actual, aunque sus miembros no eran elegidos. Estaba compuesto por nobles romanos muy ricos que habían sido magistrados. En el Senado se debatía y legislaba.

Los magistrados romanos tenían el poder de castigar y condenar a muerte a la gente, y tenían ayudantes de ceremonial llamados lictores *que llevaban un haz de varas con un hacha de verdugo, símbolo de poder.*

13

LA FAMILIA

Tradicionalmente, una familia romana, compuesta por la esposa, hijos y sirvientes, dependía de la autoridad del padre, el *paterfamiliae*. Quedaban así bajo la protección y autoridad de él que tenía poder sobre la vida y muerte de todos ellos; pero, en general y en la práctica, esto no ocurrió durante el Imperio.

LOS NIÑOS ROMANOS
Cuando los niños nacían eran dejados a los pies del padre. Si él aceptaba al niño, lo levantaba en sus brazos. Pero muchas familias pobres no podían alimentar más hijos y entonces los bebés eran "expuestos": los dejaban afuera para que murieran o los recogiera algún extraño compasivo.

Muchos niños nacían de esclavos y debían comenzar a trabajar a los 6 ó 7 años. Incluso los niños de las familias libres tampoco recibían instrucción, tenían que ayudar a sus padres en el trabajo no bien alcanzaban la edad como para realizar las tareas.

Los niños romanos jugaban a juegos conocidos como llevarse sobre los hombros y a las bolitas. También a arrojar nueces, como en el juego de los bolos.

Los niños de las familias ricas recibían lecciones de un tutor. Aquí, uno de ellos está dictando de un pergamino. Los niños escriben sobre tablas como las de la página 18.

La mayoría de los juguetes estaban hechos con madera y otros materiales que se destruyeron hace años. Por eso, muy pocos juguetes se conservan actualmente. Este caballo con ruedas de los tiempos romanos, ha perdurado por el clima seco de Egipto.

DIVERSIÓN Y JUEGOS
Aun los niños pobres encontraban algún momento para jugar. Sabemos algo de sus juegos por escritos y pinturas. Éstas muestran niños jugando con aros, a la lucha y un juego parecido a las bolitas de vidrio. También jugaban a la pelota y a un juego de mesa, parecido a los dados. A veces, los niños tenían mascotas (perros o pájaros) y los ricos poseían juguetes costosos como carros tirados por cabras.

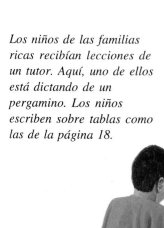

14

LA ESCUELA

Los pocos privilegiados eran instruidos en el aprendizaje de la lectura, escritura y otros conocimientos básicos. Les enseñaban sus padres o un tutor contratado, que usualmente era un esclavo griego.

En la escuela, los niños aprendían aritmética y a leer y escribir latín y griego, las dos lenguas principales del Imperio. Muy pronto leían las obras de famosos escritores y poetas como Homero y Virgilio.

Tenían que aprenderlas de memoria, y los errores y mala conducta eran castigados con fuertes azotes. ¡A muchos niños no les gustaba ir a la escuela!

NIÑAS Y MUJERES

A las niñas sólo se les daba una educación básica, y luego debían aprender, con su madre, habilidades domésticas y cuidado de la casa hasta que tuvieran la edad para casarse.

Las mujeres casadas llevaban una vida difícil, no sólo por los peligros de los nacimientos de los niños, sino que también tenían que ayudar al esposo en su trabajo.

La mujer tampoco gozaba de derechos. Cuando se casaba, ella y sus bienes pasaban a estar bajo el control del esposo. Sin embargo, durante el Imperio, las mujeres tuvieron la posibilidad de recuperarlos cuando el esposo moría, así que no era extraño que las viudas se negaran a casarse otra vez, para no perder su independencia.

JÓVENES Y ADULTOS

Mientras que sus hermanas se preocupaban en ser esposas y madres, los adolescentes de las familias ricas iban a aprender las habilidades que necesitarían más tarde en la vida: la oratoria o defender un caso en los tribunales.

El padre cooperaba con los hijos en la elección de la carrera: negocios, leyes, o política. Después, los presentaba ante hombres importantes que les pudieran conseguir buenas posiciones. Este uso de la influencia era normal en el mundo romano.

Las mansiones romanas eran muy cómodas. Los ricos tenían sirvientes que satisfacían todas sus necesidades. En esta ilustración, una mujer rica se prepara para comenzar su día mientras la esclava le arregla el cabello. Pinturas, camas adornadas y muebles fueron encontrados en Pompeya, y se muestran en los cuadros y esculturas romanas.

MANSIONES Y BARRIOS

Un lar, *era el dios protector de la casa. Los hogares romanos tenían un pequeño altar* lararium, *donde se guardaba su imagen.*

Ésta es la clase de lugar donde vivían la mayoría de los romanos. Las calles sucias y peligrosas, y los edificios en mal estado eran muy distintos de las viviendas lujosas.

Las casas romanas eran de todas formas y tamaños, desde casas mal construidas hasta altos edificios y antiguas mansiones. Sólo los romanos pudientes podían vivir en su propia vivienda o *domus,* y muy pocos podían tener una villa o casa de campo.

PLANO DE UNA CASA DE CIUDAD
La casa romana tradicional se construía alrededor de un salón central llamado *atrium,* con un pequeño patio o, más tarde, un gran jardín atrás. Las manzanas de la ciudad estaban compuestas de varias casas como éstas, con pequeñas viviendas y comercios entre medio. Algunas tenían una habitación a cada lado de la puerta principal, sin comunicación con la casa y estaba abierta a la calle. Se alquilaban para comercios.

En Pompeya y otras ciudades, se pudo ver cómo las casas se agrandaban a medida que sus dueños prosperaban económicamente. Compraban las propiedades lindantes y derribaban puertas para agrandar las viviendas.

> "Para los hombres de rango, las casas se deben construir con amplias entradas de estilo principesco, atrium más espacioso y columnas, alamedas más amplias y senderos apropiados a su dignidad, y además, bibliotecas y pórticos, terminados en un estilo parecido al de los grandes edificios públicos..."
>
> — *El arquitecto Vitruvio* —

EL MUNDO DE LOS SIRVIENTES
Alejadas de las grandes dependencias de las casas estaban las zonas de trabajo, como las cocinas y los depósitos. Las casas más grandes podían tener sus propios baños y, especialmente en las provincias del norte, algunas tenían calefacción debajo de los pisos. El fuego para calentarlos tenía que ser mantenido, lo que lo hacía un trabajo caluroso y sucio. También había cuartos para la gran cantidad de esclavos y sirvientes que se necesitaban en las grandes residencias. En la puerta podía haber un portero, con un gran perro guardián para alejar a visitantes indeseables.

LAS CASAS DE LOS POBRES
En las grandes ciudades, como Roma, la mayoría de la gente vivía en casas pobres, a veces en altos edificios que no tenían suministro de agua ni cocinas. La comida, la bebida, y otros objetos había que subirlos por las escaleras, y bajar la basura y los excrementos o arrojarlos por las ventanas. A menudo había incendios, y el peor fue el gran incendio de Roma en el año 64 a.C., que destruyó gran parte de la ciudad. Los emperadores establecieron un límite de 20 m para la altura de los edificios.

Las calles de la ciudad eran ruidosas, sucias, y peligrosas, con comercios que arrojaban humo, carros que transitaban sin orden, y comerciantes que gritaban para realizar sus negocios.

El crimen era algo común, por eso las casas de los ricos tenían pocas puertas y ventanas al exterior.